21.22. Novembre 1879. Garnier etc

1792 80
1817
3,609 . 50

(443)

CATALOGUE

D'

ESTAMPES

ANCIENNES, MODERNES

ET

PORTRAITS

PAR LES PRINCIPAUX GRAVEURS

EAUX-FORTES PURES

ET

Superbes Épreuves d'Artistes

ÉCOLE DU XVIIIe SIÈCLE

QUELQUES DESSINS

PROVENANT EN PARTIE DE LA

Collection de M. GARNIER, Graveur

DONT LA VENTE AURA LIEU

HOTEL DES COMMISSAIRES-PRISEURS

RUE DROUOT, 9, SALLE N° 4

Les Vendredi 21 et Samedi 22 Novembre 1879

A UNE HEURE PRÉCISE,

Me Maurice DELESTRE, Commissaire-Priseur,
rue Drouot, 27,

Assisté de **M. VIGNÈRES**, Marchand d'Estampes,
rue de la Monnaie, 21, à l'entre-sol,

PARIS — 1879

ORDRE DES VACATIONS

PREMIÈRE VACATION

Estampes anciennes et modernes	N° 1 à 156
Portraits	157 à 262

DEUXIÈME VACATION

Portraits	N° 263 à 455
École du XVIIIe siècle	456 à 499
Dessins	500 à 516

CONDITIONS DE LA VENTE

Au comptant.

Les Acquéreurs paieront CINQ POUR CENT en plus des enchères, applicables aux frais.

M. VIGNÈRES, dirigeant la vente, se charge des Commissions.

NOTA. Toute commission sans prix fixe ou sans limite déterminée sera regardée comme nulle.

M. VIGNÈRES se charge de faire marquer les prix aux Catalogues des ventes qu'il a faites. Les personnes qui le désirent peuvent s'adresser à lui *franco*.

Choix de Catalogues avec prix marqués.

M. VIGNÈRES se charge des commissions dans les Ventes de Livres et Estampes autres que les siennes.

				Frais 32	40		
22 Déc. 79	Dupont	1,480		479	52	1001	8
29	Astaix Garnier	1,150		372	60	778	4
	XN ×	271	50	87	96	184	5
7 Janv. 1880	Chatain	220	..	71	28	149	..
8 Déc. 79	Crochard (Mme)	170	..	55	08	115	..
porté à son Compte	C. Lind	156	50	50	70	106	5
19 Déc. 79	M. Delestre	127	50	41	31	86	2
à son compte	Gavard	27	..	8	74	19	..
	Motain	4	..	1	20	3	
	Duffat (cultiv.)	3	..		97	2	0
		3,609	50	1,166	35	2,445	1.

(443)

CATALOGUE

ESTAMPES ANCIENNES ET MODERNES

1 **Adam** (Pierre), 1822. (Louis XVI distribuant ses bienfaits), d'ap. *Hersent*, *1817*. Très-belle ép. avant la lettre, sur chine, avec dédicace signée *à Monsieur Guérin*.... Marge piquée.

2 **Alphabet** orné. 26 lettres in-4, pour le dictionnaire de Napoléon Landais. Sur bois, épreuves d'artiste.

3 **Antiquités**, Statues, Bas-reliefs. 50 p., la plupart avant toute lettre, Chine ou blanc.

4 — par Caron et Leroy, avant la lettre. Monuments du moyen âge, au trait. Ornements. 27 p.

5 — Statues, par Bouillon. 26 p., dont 10 avant la lettre.

6 **Architecture**. Retable, Vues de Nimes, Reims, etc. 12 p.

7 **Aubry** (Ch.). Chasses anciennes, d'après les manuscrits des XIV et XVe siècles. 13 pl. in-fol., lithog. Superbes ép.

8 **Bellangé**. Retour de l'Ile d'Elbe. — Napoléon à Waterloo. 2 lithog. in-fol. d'une grande rareté.

9 **Berghem** (D'ap.). Ancien Port de Gênes, par J. Aliamet. Embarquement de vivres, et le Retour à la ferme, par J.-B. Le Bas. 3 p. in-fol. en travers.

10 **Bervic.** L'Enlèvement de Déjanire. L'Éducation d'Achille. Le Laocon. 3 p. in-fol.

11 **Bible**, de Furne. 32 vignettes grand in-8 et la carte. Superbes ép.

12 **Boissieu** (J.-J. de), 1804. Entrée du village de Lantilly (dite : les maçons). Sur Chine, marge du cuivre.

13 **Burdet.** (L'Amour quitte le lit de Psyché), d'ap. Picot. Très-belle ép. avant la lettre. Grandes marges.

14 **Camayeux**, d'ap. Rubens et autres. 5 p.

15 **Caron** (Adolphe). (Cyparisse), d'après A. Vinchon. Sur Chine, avec dédicace *à son ami Garnier*. Statues. 4 p. avant la lettre.

16 — et autres. (Duc d'Angoulême. Prince de Condé) et autres. 7 costumes du sacre de Charles X, avant la lettre.

17 **Chaplin**. Saint Sébastien. Eau-fote sur Chine, in-4. Superbe.

18 **Chapron.** (Les Loges de Raphaël). 54 p. en album, demi-rel.

19 **Chenay** (Paul). Têtes, fac-simile du dessin de Léonard de Vinci au Louvre. Superbe ép., toute marge.

20 **Chevron.** Jésus-Christ et la Vierge dans une gloire d'anges, in-fol. d'ap. Hallez. Magnifique ép. sur Chine, toute marge.

21 **Chollet.** (J'ai perdu. Le petit Malheureux). 2 p. avant la lettre sur Chine; et l'eau-forte de la seconde. 3 p.

22 — (La Sœur charitable), d'ap. Duval le Camus. — La Demande du mariage, d'ap. Geirnaert. — (L'Offrande au curé), d'ap. Decoëne (avant toute lettre). 3 p. avant la lettre, in-fol. en travers, avec dédicace *à son ami Garnier.*

23 — Malvina, Portrait de L. Fay, d'ap. Dubufe. (L'Évasion), d'ap. Cotterau, avant la lettre. Présentation de la patte du loup), avant toute lettre. 3 p. *à son ami Garnier.*

24 **Coiny** (J.), 1823. (Création d'Eve), d'ap. Michel-Ange. Superbe ép. avant la lettre, sur Chine. Marge.

25 — et Calamatta (Bajazet et le Berger), d'ap. Dedreux Dorcy. Très-belle ép. avant la lettre, sur Chine, marge; et l'eau-forte pure, 2 p. in-fol.

26 **Concours de gravure.** Figures académiques d'hommes par Coiny, Dupont, Richomme, Ruhière, Sixdeniers, Taurel. 18 p. in-fol., plusieurs avant toute lettre. Belles ép.

27 **Concours** décennal. Statues et Bas-relief.

28 **Danguin** et Miciol. Bethsabée et le roi David, in-fol. d'ap. Orsel. Magnifique ép. sur Chine, toute marge.

29 **De Blois.** Virginie morte sur la plage, d'ap. James Bertrand. In-fol., eau-forte pure sur papier vergé. Superbe.

30 — La même, terminée, avant la lettre. Superbe.

31 **Decamps** (D'ap.). Le Singe peintre et autres. 5 p.

32 **Delacroix** (Eug.). Trois Arabes au repos, à la plume (autographie).

33 — Femmes d'Alger, à la plume. Rare.

34 — Muletiers de Tetuan, à la plume, 1833.

35 — Théâtre italien : Homme faisant le grand écart, supporte trois figures (Miroir). Rare.

36 — Dans quel siècle sommes-nous!!! charge sur Chateaubriand (Miroir). — Moine en prière, par Villot. Eau-forte. 2 p.

37 — Croquis : Arabe, Soldat suisse, dans un autre sens deux portraits l'un au-dessus de l'autre; d'un autre sens ruines (effet de lune), sans nom. Très-rare.

38 **Delaroche** (D'ap. Paul). Scène de la Saint-Barthélemy, par H. Prudhomme. Très-belle ép. in-fol.

39 **Desenne** (D'ap.). Son Portrait par H. Dupont, d'ap. Mourlan. Vignettes par Caron, Chollet, Coiny fils, Dupont, Pelée, Prévost, Prudhomme, Sisco, 20 p., la plupart ép. d'artiste avant la lettre, sur Chine, les noms à la pointe.

40 **Desnoyers** (Aug. Boucher). Éliézer et Rebecca, d'ap. N. Poussin. Belle ép. in-fol., en tr. Marge.

41 — La Vierge dite La Belle Jardinière, d'ap. Raphaël. A été encadrée.

42 — La Vierge aux rochers, d'ap. L. de Vinci. In-fol. marge.

43 — La Transfiguration, d'ap. Raphaël, 1520. Très-belle ép. gr. in-fol. Marges.

44 — Bélisaire, d'ap. Girard. Avec le cachet à deux têtes; a été encadrée.

45 **Desnoyers** del. Portraits des modèles de Raphaël, par Godefroy et Aubert. 7 p. superbes.

46 **Devéria** (D'ap.). Vignettes par Bonvoisin; Chollet; Pelée, pour Gargantua; Prudhomme; Prévost; Sisco, pour Rousseau; et autres. 15 p., la plupart avant la lettre, sur Chine, les noms à la pointe.

47 **Diaz** (D'ap.). Intérieur de foret, l'Astrologue par Marvy, et le Rêve. 3 p. superbes.

48 **Duplessis Bertaux**. Les Arts et Métiers. 10 petits sujets imprimés sur 2 feuilles. Superbes ép.

49 **Dupont** (Henriquel). Les Disciples d'Emaüs, d'ap. P. Véronèse. Superbe ép., eau-forte pure, sur Chine, toute marge. Grand in-fol.

50 — (Le Christ consolateur). Très-belle ép. avant toute lettre, in-fol. en travers, gr. marges.

51 — (Lord Strafford allant au supplice), d'ap. Paul De la Roche. In-fol. en travers. Très-belle ép. avant la lettre, gr. marge.

52 — Olivier Cromwell, 30 Janvier 1649, d'ap. P. Delaroche. In-fol. en travers. Belle ép., toute marge.

53 — (Le Tribunal : Milieu de l'Hémicycle), in-fol. en travers. Très-belle ép. avant la lettre, sur Chine, toute marge.

54 — Gustave Vasa, in-fol. en travers. Très-belle ép. avant toute lettre, sur Chine, marge.

55 — 1822. (Dame assise et sa fille), d'ap. Vandick. Superbe ép. avant la lettre, sur Chine, les noms à la pointe.

56 — (Entrée de Henri IV dans Paris), d'ap. Gérard. (L'Origine de la peinture), d'ap. Girodet. — Trioson. 2 p. avant la lettre, sur Chine, les noms à la pointe.

57 **Dusart** (Corneille). Le Violon assis (B. 15). Très-belle ép.

58 — La Fête de village (B. 16). Très-belle ép.

59 **Eaux-fortes pures**, par Fortier; Pillement, pour Adam et Ève de Richomme; et autres. 11 p.

60 **Eaux-fortes** modernes, Devritz et autres. 11 p.

61 **Eaux-fortes**. Pièces de l'artiste et Vues gravées et lithographiées. 20 p.

62 **École flamande**, d'ap. Berghem, Rembrandt. 9 p.

63 **École moderne**. Louis-Philippe Ier en pied, par Prudhomme; Frascati, par Sauvage, sur Chine. 2 p. grand in-fol.

64 **Essais** de chromo-lithographie, 2 très-grands in-fol. — Galvanographie. — Cartegraphie, 7. — Stilographie. — Chromo-typographie. — Chimitypie, etc. En tout 26 pièces curieuses, progrès divers.

65 **Études de graveurs**. Portraits, et autres. 69 p. 2 lots.

66 **Fac simile** de Dessins d'ap. Guerchin, Léda d'ap. Léonard de Vinci, Parmesan, etc. 10 p.

67 **Flameng.** Scène de croisade. Eau-forte in-fol. avant toute lettre, sur Chine. Superbe ép., toute marge.

68 — Naissance de Vénus, d'ap. Cabanel. Petit in-fol. avant toute lettre, sur Chine. Superbe ép., toute marge.

69 — Angélique, d'ap. Ingres. Petit in-fol. ovale avant toute lettre, sur Chine. Superbe ép., toute marge.

70 — La Source, d'ap. Ingres. Petit in-fol. avant la lettre, sur Chine. Superbe ép., toute marge.

71 Galerie lithographiée des tableaux du duc d'Orléans, publiée par Vatout et Quénot. 13 p. sur Chine, et texte; in-fol.

72 **Garnier** (F.). Bacchus, d'ap. Léonard de Vinci.

73 — (Raphaël et la Fornarine), d'ap. Picot; avant la lettre, et l'eau-forte pure par Fortier. 2 p.

74 **Gérard** (D'après). (Entrée de Henri IV dans Paris), par Toschi, grand in-fol. en travers. Ép. avant toute lettre, sur Chine.

75 — (Bataille d'Austerlitz), grand in-fol. en travers. Très-belle ép. avant toute lettre, sur Chine, marge.

76 — L'Arrivée. L'Attaque. Le Succès. Le Regret. 4 p. in-4 en travers, par J.-L. Potrelle. Très-belles ép., marge.

77 — (La Duchesse de Berry et ses enfants), par Adolphe Caron; in-fol. Très-belle ép. avant la lettre sur Chine, les noms à la pointe et l'eau-forte pure. 2 p.

78 — (Corinne), par L. Prévost. In-fol. en travers. Belle ép. avant la lettre, les noms à la pointe; a été encadrée.

79 **Géraut**, 1820. (La Cuisinière hollandaise), d'ap. G. Dow. Petit in-fol. Très-belle ép. avant la lettre sur Chine, les noms à la pointe, et signée; marge.

80 — 1821. (Henri IV, Sully et Gabrielle), d'après Fragonard. Infol. Superbe ép. avant la lettre sur Chine, les noms à la pointe; marge.

81 — 1841. (Gabrielle de Vergy), d'ap. R. Q. Monvoisin. In-fol. Superbe ép. avant la lettre, les noms à la pointe; grandes marges.

82 **Goutière**. La Résurrection. In-fol. avant toute lettre, sur Chine. Magnifique ép., toute marge.

83 **Jacoby**. La Vierge et l'Enfant Jésus apparaissant à des moines. In-fol. avant la lettre, sur Chine. Magnifique ép., toute marge.

84 **Jacquemart**. L'Impératrice Eugénie à Nancy. Eau-forte in-fol., sur Chine, avant la lettre. Magnifique ép., toute marge.

85 **Jacques** (Charles). Sujets villageois, Paysages. 6 eaux-fortes.

86 **Laurent** (Publié par Prosper). La Vie de saint Bruno, ou Collection complète de vingt-deux tableaux peints par Le Sueur pour le cloître des Chartreux, 1822. 22 lithog. et texte in-fol., cart.

87 **Le Brun** (D'ap. C.). (Mlle La Vallière, sous les habits de la Madeleine repentante), par G. Édelinck.

88 — Il est d'vn Roy de se vaincre soy mesme (La tente de Darius), en deux feuilles, avec le mot Goyton.

89 — La Vertv svrmonte tout obstacle (Alexandre passe le Granique). En 4 feuilles in-fol.

90 — (Lapidation de saint Étienne). Sujets religieux, deux thèses. 7 p. in-fol.

91 **Le Clerc.** Arc de triomphe de Louis XIV à la porte Saint-Antoine. Grand in-fol. Superbe.

92 **Lecomte** (Narcisse), élève de M. Lignon. (La Vierge à l'oiseau), d'ap. Francia, les noms à la pointe. Petit in-fol. sur Chine. 2 p. avant la lettre. Belles ép.

93 **Léonard de Vinci** (D'ap.). (Vierge à la balance). Ép. avant toute lettre, avec des retouches au crayon de mine de plomb.

94 **Lepic.** Chaos. Tête de chien à l'eau-forte. Superbe ép. sur chine, in-fol., toute marge.

95 **Malbeste** (Georges). Vie de saint Bruno, d'ap. Lesueur. 26 p. et texte in-4.

96 **Martinet.** Jésus et la Femme adultère, d'ap. Signol, eau-forte pure. — La même, plus avancée, non terminée. 2 p. in-fol. Superbes.

97 **Meulemeester.** L'Amour triomphant, d'ap. Dominiquin. — L'Amour, d'ap. Le Barbier. 2 p. in-fol.

98 **Michel-Ange** (D'ap.). 8 p. du Jugemen dernier, au trait.

99 Monumens de sculpture anciens et modernes, publiés par Vauthier et Lacour, 1812. 72 pl. et texte.

100 **Morghen** (Raphaël). (La Jurisprudence). (La Sainte Famille au sac). Cintres en travers. In-fol. 2 p.

101 **Morghen** et **Tofanelli**. Caron faisant traverser le fleuve à Énée et la Sibylle. In-fol. d'ap. Sirani.

102 **Muller**. La tendre Mère et (Sultan). 2 p.

103 **Nargeot**. Jeunesse de Martin Luther. Petit in-fol. d'après Labouchère, avant la lettre, sur chine. Magnifique ép., toute marge.

104 — Mort de Martin Luther. Petit in-fol. d'après Labouchère, avant la lettre, sur chine. Magnifique ép., toute marge.

105 **Oleszczynski**. Sujets polonais. Religieux. Académie, plusieurs Eaux-fortes pures. 30 p.

106 **Outhevaite**. Cathédrale d'Amiens. In-8, avant toute lettre, tirage petit in-fol. Magnifique ép.

107 **Paysages**. Ransonnette, eau-forte pure, 7. — Vignettes anglaises, 19. 26 p.

108 **Placet** (Procédé). Vues de Monuments d'Arles, 3. — Statues de saints et apôtres à Reims, 3. — Amiens. — Angoulême. — Heidelberg. 9 p. in-4 sur chine. Superbes.

109 **Plassard** (V.), *in. et fe.* 1650. Vierge et Jésus, eau-forte in-4. Superbe. Seule pièce du maître.

110 **Poilly**. (Le Mariage de sainte Catherine). Avant la lettre.

111 **Poussin** (D'ap.). Moïse tiré des eaux..., par Rousselet. (La Manne). (Le Temps enlevant la Vérité), par J. Audran. 5 p. in-fol.

112 — La Passion, par Claudia Stella, in-fol. 14 p. sur papier brun.

113 — Les Sacrements, Sainte Francisque et autres. 10 p.

114 — Travaux d'Hercule, publiés par E. Gatteaux, d'ap. les dessins qu'il possédait et gravés par A. Gelée, 1850. 19 p. in-fol., toute marge. (C'est la pl. VIII qui manque).

115 — Les Sacrements, 7 p. eaux-fortes pures, in-8. — Les mêmes, avant la lettre. — Les mêmes, avec la lettre, chine. 21 p. superbes.

116 **Prévost.** (Les Moissonneurs. Le Retour de la fête de la madone de l'arc). Gr. in-fol. d'après Léopold Robert. 2 p. avant toute lettre, signées *à son ami Garnier.*

117 **Prudhomme** (H.). (Les États-Généraux), d'ap. Couder. Petit in-fol. en travers. Superbe ép. d'artiste avant la lettre, marge.

118 **Prudhon** (D'après). Figures allégoriques. 6 lithographies.

119 **Pavon.** Saint Jean. In-fol. d'ap. Dominiquin. marge.

120 **Rambert.** Le Meurtre. Cahier de 9 lithog. et feuille de texte in-fol.

121 **Ransonnette** (Ch.) fils, 1827. (Saint Louis attaqué par les Sarrasins), d'ap. A. Boisselier, eau-forte pure. — Vue intérieure de la basilique Saint-Paul, à Rome..., par E. Rauch; 1823. 2 p. grand in-fol. en travers.

122 **Rubens** (D'ap.). Saint François Xavier, apôtre des Indes orientales. In-fol. par Marinus.

123 — Portement de croix. In-fol. par Pontius.

124 — Martyre de saint Thomas, apôtre, par Neeffs.

125 — La Madeleine aux pieds de Jésus, chez le Pharisien. In-fol. par Natalis.

126 — Jésus flagellé. In-fol. par Pontius.

127 **Rudau.** 1869. La Causerie du pêcheur, sur chine. — Chasseur qui achète un lapin. — Le Chasseur fatigué d'avoir tué un moineau. — La Causerie du peintre. 4 p. in-fol., eaux-fortes pures, très-belles.

128 **Scheffer** (D'ap.). Faust. — Marguerite. 2 p. grand in-fol., eaux-fortes pures, toute marge. Superbes.

129 **Sisco.** François Ier et Charles-Quint visitant l'abbaye de Saint-Denis. In-4. Magnifique ép. d'artiste, marge in-fol.

130 — Lutrin de Boileau. Don Quichotte. Scène de la Saint-Barthélemy. Sujets religieux et autres. 14 p. avant la lettre, les noms à la pointe.

131 **Sujets religieux.** Divers. 13 p.

132 **Toschi.** (Vierge à l'Enfant Jésus dormant), chine. (Christ descendu de croix). 2 p. in-fol. avant toute lettre, signées.

133 **Vermeulen.** Titre de musique, d'ap. Mignard. In-4.

134 **Vignettes.** Anglaises et françaises, anciennes, modernes et sur bois. 60 p.

135 — d'ap. Johannot, Raffet, etc. 32 p. dont 8 avant la lettre.

136 — pour Victor Hugo, N. D. de Paris, le Roi s'amuse, Lucrèce Borgia, Louis XI, etc., avant la lettre, sur chine. Superbes. 20 p. dont 1 avec la lettre et 1 tachée d'huile.

137 — Très-grand in-8 pour les Chansons de Béranger, 6 p., ép. d'artiste, et 2 avec la lettre. 8 p. superbes.

138 — pour Chateaubriand, les Martyrs, Atala, etc. 33 p. eaux-fortes pures. Superbes.

139 — pour Florian, etc., d'ap. Desenne, Devéria et autres. 89 p. avant la lettre, chine et blanc.

140 — pour l'histoire de Napoléon III. 6 p. grand in-8 sur chine, magnifiques ép. avant la lettre, marge in-fol., et 4 eaux-fortes pures marge in-4. En tout 10 p.

141 — d'ap. Johannot, H. Vernet, etc., pour Boileau, Molière et autres, par Prévost, Caron, etc. 30 p. avant la lettre. Belles ép.

142 — Eaux-fortes pures pour divers ouvrages. 51 p. in-8, toute marge, superbes.

143 **Vues** de Sicile, Agrigente, Cathédrale de Palerme, etc. 20 p. in-fol.

144 **West** (D'ap.). Mort du général Wolfe, eau-forte pure. — Planche différente par G... 2 p. petit in-fol.

145 **Sujets divers**, anciens et modernes. 32 p.

146 **Sujets religieux**, gravés et lithographiés. 17 p.

147 **Divers.** Le Colisée de Piranesi, la Grotte de Fingal par Picquenot. 3 p. très-grand in-fol.

148 — Angles du salon de la Paix et autres. 12 p.

149 — Louis XVI et son confesseur, grand in-fol. Napoléon en méditation et autres. 8 p.

150 — Triomphe de Cérès d'ap. Watteau, la Villageoise en colère, la Tempête et autres. 6 p.

151 — Chapelle ardente de M. de Quelen, Statue de Bonchamps, Bonaparte en pied, Mourad Bey et autres. 8 p. in-fol.

152 — d'ap. Boilly, Boucher et autres. 6 p.

153 — Vues de France et autres. 14 p.

154 — Bossus de Callot, Amour d'ap. Gérard. 20 p.

155 — Antiquités de Villemin en bistre. 8 p.

156 — Sujets du XVIIIe siècle, Religieux, Portraits, etc. gravés et lithographiés. 50 p.

PORTRAITS

157 **Allais.** L.-B. Picard, académicien. In-8 d'ap. *Boilly,* avant et avec la lettre. 2 p. superbes, toute marge.

158 **Beauvarlet** (J.). Edme Bouchardon, sculpteur, d'ap. *Drouais.* Belle ép., toute marge. Piqûre d'humidité.

159 **Bein** (J.), 1832. Baltard, architecte, ovale. — In-4 d'ap. *Gigoux,* eau-forte pure. — Le même, magnifique ép. d'artiste, marge in-fol.

160 — Pascal en pied d'ap. *H. Flandrin.* Superbe ép. grand in-4 sur chine, marge in-fol.

161 **Beisson.** Paisiello, célèbre compositeur de musique, d'ap. Mme *Lebrun.* In-fol.

162 **Bertinot.** Clément IX, pape, grand in-4. Magnifique ép. avant toute lettre, sur chine, marge in-fol.

163 **Bertonnier.** Mme Henriette Marie-Anne de Fumel, supérieure générale de l'instruction charitable du Saint-Enfant-Jésus, d'après Mlle Louise *Mauduit.* In-4, toute marge.

164 — Pigault-Lebrun, d'ap. *Boilly.* Superbe ép. in-8 avant la lettre, toute marge.

165 **Blanchard.** Furne, éditeur-libraire, de profil, in-8 avant la lettre, sur chine. Magnifique ép., marge petit in-fol. — Furne, de face, in-8. Photographie, marge petit in-fol. 2 p.

166 **Blooteling.** Louise, duchesse de Portsmouth. Manière noire in-4 d'ap. *Lely*, marge.

167 **Boilly** (J.). Membres de l'Institut. 20 lithog.

168 **Boizot.** L. St X., comte de Provence, profil. In-4.

169 **Bonneville,** etc. Célébrités de la Révolution. 16 p.

170 **Bonvoisin.** Broussais. grand in-4. Superbe ép. avant toute lettre sur chine, les noms au crayon, toute marge.

171 **Campion de Tersan,** 1763. Clairvault, (Alexis), académicien. Profil in-4 d'ap. *Cochin.* Superbe, collé.

172 — Fr. de Regny. — N. de Verri. 2 portrits de profil in-4 d'ap. *Cochin.* Superbes ép., marge.

173 **Canu.** Robespierre pressant un cœur dans une coupe. In-12, très-belle ép.

174 **Carey.** Marie-Catherine le Jumel de Berneville, comtesse d'Aulnoi, in-8. Magnifique ép. d'artiste sur chine, marge in-fol.

175 — Marie-Louise d'Orléans, reine d'Espagne, in-8. Superbe ép. sur chine, marge in-fol.

176 **Carmontelle** (D'ap. de). Dortous de Mairan en pied. Petit in-fol. par *Delafosse.*

177 — Duret de Meynieres en pied. Petit in-fol. par *Delafosse.*

178 **Cathelin.** D'Alembert. — Diderot. 2 p. in-4 d'ap. *Cochin.* Très-belles ép., toute marge.

179 **Chenu.** J. Auffray, des académies de Marseille, Rouen, etc. Eau-forte pure. — Avec la lettre, 2 p. in-8 superbes, toute marge.

180 **Clément de Jonghe?** Frédéric III roi de Danemarck, Norvége, etc., à cheval, l'épée à la main; au fond, la ville. Grand in-fol, très-belle épreuve.

181 **Cochin** (D'ap.). Boudot. — Comte de Bruhl. — Dortous de Mairon. 3 p. in-4. Très-belles ép.

182 — David Hume, in-8 par *Duhamel.* — In-4 par *Miger.* 2 p. très-belles.

183 — Jacquier. — Jombert. — Maffey. 3 p. in-4 très-belles.

184 — Moiroux. — Sacchini. 2 p. très-belles.

185 — D'Alembert. — Diderot. 2 p. in-4, marge.

186 **Coiny** (J.), 1822. Michallon, d'ap. Léon *Cogniet,* 1818. — Ransonnette, par *J.-J. Leroy,* 1830. 2 p. in-8, sur Chine.

187 — (Visconti), avant la lettre, sur Chine, le nom à la pointe, toute marge.

188 **Copia.** Mme la comtesse de Genlis écrivant les Annales de vertu. In-8, toute marge.

189 **Cosway** (D'ap.). Mrs Duff, accompagnée de l'Amour, danse sur la boule du monde. In-fol. par *J. Agar*. Très-belle ép.

190 — Lady Heathcote en Flore. In-fol. par *J. Agar*. Très-belle ép.

191 **Daudeleau.** Nicolas Copernic, in-4. Belle ép., marge.

192 **Danguin.** Rollin, avec des lunettes, d'ap. *Orsel*, 1841. In-4 avant la lettre, sur Chine. Magnifique ép., marge petit in-fol.

193 **Décameron** dramatique. Actrices du Théâtre-Français. 7 lithog.

194 **Dejabin** (Collect.). Députés de l'Assemblée nationale de 1789. 25 p., quelques doubles.

195 **Delaunoy** (Ferd.). Le prince de Condé. Grand in-8. Eau-forte pure et avec la lettre. 2 p. superbes.

196 **Delattre.** S. N. Henri Linguet, avocat. In-8, belle.

197 **De Launay** (N.). Jean-Baptiste-François de Troy fils, d'ap. Aved. In-fol., toute marge.

198 **Delvaux.** Andrieux, académicien. In-8 avant la lettre. Superbe ép., toute marge.

199 — Fénélon. Petit in-8 d'ap. *Vivien*. Très-belle ép., toute marge.

200 **Dequevauvillers.** Hérold, musicien. — Dupuytren — Gall — A. Paré — Sabatier, chirurgiens. 5 p. in-8. Superbes ép., toute marge.

201 **Desrochers** (Collect. de). 30 p. in-8.

202 **Dien.** Le comte de Choiseul Gouffier, d'ap. *Boilly*. Superbe ép. petit in-fol. avant la lettre, toute marge. — La même, avec la lettre, toute marge. 2 p.

203 — Th. Burete, Vanderburg, etc. 6 p.

204 **Dissard.** Durand, architecte. In-4 avant et avec la lettre. 2 p, très-belles.

205 **Drevet** (P.), 1724. Guillaume cardinal Dubois, d'ap. *H. Rigaud*. In-fol., marge.

206 **Dronais** (D'ap.). Marie J. L. de Savoie Madame, comtesse de Provence. Grand in-8 par *Hubert*, marge.

207 **Duhamel.** Le comte et la comtesse de Provence. 2 jolis portraits in-8, avec fleurs et armoiries. Superbes ép., toute marge.

208 **Dupont** (H.). Hussein-Pacha. Superbe ép. avant la lettre, sur Chine, le nom à la pointe, marge.

209 — 1837 (Louis-Philippe, debout au pied du trône), in-fol. Superbe ép. avant la lettre, sur Chine, le nom à la pointe, marge; dédicace *à son ami Garnier*.

210 — Normand père) et autre. 2 p. in-4. Très-belles ép., le nom à la pointe.

211 — 1832. (Mme Pasta), petit in-fol. Très-belle ép., marge.

212 — 1838. (Marquis de Pastoret), petit in-fol. Très-belle ép. avant la lettre, sur Chine, les noms à la pointe.

213 — 1836. (Philippe de Ségur), petit in-fol. Très-belle ép. avant la lettre, le nom à la pointe, marge.

214 — Joseph Coiny, et autres. 4 p.

215 **Édelinck**. Louis XIV, in-8 (R. D. 248). Très-belle ép., marge.

216 **Éthiou** (Adèle), 1838. Marquis de Mirabeau, auteur de l'Ami des hommes. — Son fils Mirabeau, l'orateur. 2 portraits in-8. Superbes ép. avant la lettre, toute marge.

217 **Ficquet**. Descartes. In-8 d'ap. *Hals*.

218 — La Fontaine des Contes, in-8 d'après *Rigault*. Belle ép., marge.

219 — Du Quesne. — Comte d'Harcourt. — Mme de Miramion. 3 p. in-8. Très-belles ép., marge.

220 **Flameng**. Mme de Girardin. In-8 d'ap. *Chassériau*, avant la lettre, marge, in-4.

221 **Fontaine**. Carême, célèbre cuisinier, in-8. Eau-forte pure et avant la lettre. 2 p. très-belles.

222 **François**. Henri Ier de Bourbon, prince de Condé, né en 1530, tué à Jarnac en 1569. — Henri Ier de Bourbon, prince de Condé, né en 1552, mort en 1588. 2 p. in-8 avant la lettre, sur Chine, tirage petit in-fol. Magnifique ép.

223 — Louis de Bourbon, duc d'Anguien, né en 1621, mort en 1686 (Grand Condé). In-8 sur Chine, tirage petit in-fol. Magnifiques ép.

224 **Gaillard**. Horace Vernet, d'ap. *Delaroche*. In-fol. sur Chine. Magnifique ép. avant la lettre, toute marge.

225 **Galerie de la Presse.** Célébrités modernes. 17 lithog.

226 **Galerie des Peintres**, publiée par Chabert. 16 p. lithog., in-fol.

227 **Garnier** (F.). (Alexandre Ier). 2 ép. avant toute lettre.

228 — (Charles X), eau-forte et terminé. — (Pozzo di Borgo) : avant les armoiries, — avec les armoiries, — les armoiries et ses décorations changées. 6 p. avant la lettre.

229 **Gaultier** (Léonard). Très-petits portraits tirés de la Chronologie, collée. 11 p. superbes avant les numéros.

230 — Chronologie collée. 110 p. Très-belles ép.

231 **Gautier Dagoty** fils. Louis XV : Médaillon entouré de figures allégoriques : Frontispice de la Galerie française. Grand in-4. Très-belle ép.

232 **Geoffroy.** Rosa Bonheur, in-4. Superbe ép. d'artiste, sur Chine. Marge in-fol.

233 — L'Art français au XVIIIe siècle. A. Watteau, N. Coustou, Greuze, Rameau, Prudhon. Cinq portraits groupés avec attributs. Grand in-8 avant la lettre, sur Chine, toute marge, et avec la lettre. 2 p.

234 **Gervais.** L'Impératrice Eugénie. Ovale in-fol., eau-forte pure. Très-rare, n'ayant pas été terminée.

235 **Goutière.** Duc de Bassano, ovale in-8, eau-forte pure, avant la tablette et les angles. — Le même, ovale équarri très-avancé. — Le même, ép. d'artiste, sur Chine, avec des retouches au crayon. 3 p. superbes.

236 — Caulaincourt en pied, grand in-8, eau-forte pure, et avec la lettre. Superbe ép., marge, in-fol. 2 p.

237 — Garnier Pagès. Grand in-8 d'ap. Martinet. 12 épreuves d'artistes sur blanc et sur Chine, marge in-fol.

238 — P. S. Laplace, in-4. Superbe ép. d'artiste sur Chine, marge in-fol.

239 — La Rochefoucault, auteur des Maximes, ovale in-8, eau-forte pure. — Le même, terminé, ép. d'artiste, sur Chine, grande marge. 2 p. superbes.

240 — Le même, orné d'attributs, et ses armoiries en haut. Magnifique ép. d'artiste, sur Chine, marge in-fol.

241 — Mme Liais, ovale in-4, eau-forte pure. — La même, ovale équarri. Superbe ép. d'artiste, marge in-fol. 2 p.

242 — Mackensie, américain, in-8. Magnifique ép. d'artiste sur chine, marge in-4.

243 — Napoléon Ier, ovale in-4, d'ap. *Sandoz*. Magnifique ép. d'artiste sur chine, marge in-fol.

244 — Napoléon III et sa famille, très-grand in-8. Magnifique ép. d'artiste sur chine, marge in-fol.

245 — Louis-Philippe Ier. Grand in-8, très-avancé, avant beaucoup de travaux. — Le même, ép. d'artiste, marge in-fol. 2 p. magnifiques.

246 — Le Cardinal de Retz, in-4 d'après *Sandoz*. Magnifique ép. d'artiste, marge in-fol.

247 **Guttenberg.** L.-H. de Nicolaï. Charmant portrait grand in-8 d'ap. *Viollier*. Superbe ép., marge.

248 **Hommes utiles** (Collection des). Caylus (Comte de). — Abbé de l'Épée. — Perronet. 3 p. eaux-fortes pures et 3 p. terminées. 6 p. in-8.

249 **Hopwood.** J.-J. Rousseau, ovale orné in-8. Superbe ép. avant la lettre sur chine, tirage extra, petit in-fol.

250 **Hourdain** (C.). Marie-Thérèse Charlotte de France, et son frère Louis XVII. 2 portraits in-8 en bistre, tirés du cabinet de Madame. Belles ép., toute marge.

251 **Hubert.** E. C. Freron, grand in-8 d'ap. *Cochin*. Superbe ép., remargée.

252 — Louis XVI avec allégorie et un lion en bas, grand in-8 en rouge. Très-belle ép., marge.

253 **Jacquemin.** André Chenier, d'ap. *Suvée*, in-8 avant la lettre. Magnifique ép. sur chine, marge petit in-fol.

254 — Xavier de Maistre, in-8 avant la lettre. Magnifique ép. sur chine, marge petit in-fol.

255 **Jehotte.** Molière, ovale in-12, d'ap. *Desenne*. Magnifique ép., marge petit in-fol.

256 **Johannot.** Buffon, in-8 en pied, eau-forte pure. — Ép. d'artiste sur chine. — Avec la lettre. 3 p. superbes, toute marge, d'ap. *Devéria*.

257 — Fléchier, in-8 en pied, eau-forte pure sur chine. — Ép. d'artiste sur chine. 2 p. superbes, d'ap. *Devéria*.

258 — Verlot, in-8 en pied, eau-forte pure. — Ép. d'artiste sur chine. — Petit portrait ovale équarri, par *Simonet*. Ép. d'artiste sur chine. 3 p. superbes, toute marge.

259 **Johannot** (Tony). Mme de la Sablière, in-8 avant la lettre, sur chine.

260 **Larcher**. Molière en pied, in-8 d'ap. *Desenne*. — Sterne en pied, in-8 d'ap. *Devéria*. 2 p., ép. d'artiste sur chine, toute marge.

261 **Le Beau**. Mme la marquise de Pompadour en nymphe, médaillon orné d'ap. *Queverdo*, in-8. Très-belle ép., toute marge.

262 — Le Cardinal de Richelieu, grand in-8 avant et avec le no 125. 2 p., marge, très-belles.

263 **Le Clerc** (P.), an VI. Son portrait, profil, médaillon avec figures allégoriques, eau-forte pure, pour titre d'études de la figure, in-fol.

264 — Le même, terminé par *Lucien*, sanguine. Très-belle.

265 **Lecomte**. Frédéric le Grand en pied, il va passer la revue, grand in-8 d'après *Desenne*. Superbe ép. d'artiste sur chine, toute marge.

266 — Huet, artiste de l'Opéra-Comique. Superbe ép. d'artiste sur chine. — Le même, avec la lettre. 2 p. in-4, marge.

267 — Montaigne en pied, d'ap. *Devéria*, in-8, eau-forte pure. — et avec la lettre. 2 p., très-belles.

268 **Lefevre**. Champmelé, célèbre actrice, in-8, d'après une miniature du cabinet Lamesengère. Très-belle ép., toute marge. Rare.

269 **Lefils**, Bernard de Montgaillard, abbé d'Orval, in-8. Très-belle ép. avant la lettre, qui est à l'encre dans la tablette.

270 **Legrand** (Paul). Acteurs et Actrices, petit in-4. 13 p.

271 **Leguay.** Marquis de Bouillé en pied, très-grand in-8. Magnifique ép. d'artiste sur chine, marge in-fol.

272 — Cousin (Victor), in-8, eau-forte pure. — Le même, avec la lettre. Magnifique ép. sur chine, marge in-fol.

273 — Franklin, in-8, eau-forte pure. — Le même, avec la lettre. Magnifique ép. sur chine, marge in-fol.

274 — Guttenberg, in-8. Magnifique ép. d'artiste. — Le même, avec la lettre. 2 superbes ép. sur chine, marge in-fol.

275 — Paul de Kock, 1823, d'ap. *Maricot*. — d'ap. *Sandoz*, 1864. 2 magnifiques ép. d'artiste sur chine, grand in-8, marge in-fol.

276 — Paul de Kock, 1823, eau-forte pure. — Ép. d'artiste. — d'ap. *Sandoz*, 1864, ép. d'artiste. — Le même, avec la lettre, magnifique ép. sur chine. 4 p. superbes.

277 — Larrey, in-8 d'ap. *Girodet*, eau-forte pure. — Le même, ép. d'artiste sur chine, marge in-fol. 2 p. superbes.

278 — Ledru-Rollin en pied, à la tribune, grand in-8 d'ap. *Gaildrau*. Superbe ép. d'artiste, marge in-fol.

279 — Le Dauphin, fils de Louis XV, et ses enfants, grand in-8, eau-forte pure d'ap. *Philippoteaux*. — Ép. d'artiste sur chine, magnifique, marge in-fol., signée. — Le même, avec la lettre. 3 p. superbes.

280 — Monthyon, in-8, magnifique ep. d'artiste. — Avec la lettre. 2 p. sur chine, superbes, toute marge.

281 — Napoléon et son fils. Magnifique ép. d'artiste, grand in-8, marge in-fol.

282 — Napoléon Jérôme, ovale in-8, ép. d'artiste sur chine et sur blanc. 2 p. superbes, toute marge.

283 — Ninon de Lenclos, in-8, ép. d'artiste sur chine et sur blanc. 2 p. superbes, toute marge.

244 — Orléans (le duc d'), ses enfants et Mme de Genlis, grand in-8, d'ap. *Philippoteau*, ép. d'artiste superbe, signée par les artistes, marge in-fol.

285 — Le Duc de Padoue, ovale grand in-8. Magnifique ép. d'artiste sur chine, marge in-fol.

286 — Le Duc de Padoue, eau-forte pure. — Ép. d'artiste. 2 p., superbes ép.

287 — Parmentier, in-8. Magnifique ép. d'artiste sur chine. — Avec la lettre, sur chine, marge in-fol. 2 p. superbes.

288 — Baron Pasquier, in-8. Magnifique ép. d'artiste sur chine, marge in-fol.

289 — Mme de Sablé, in-8. Magnifique ép. d'artiste sur chine, marge in-fol., signée.

290 — Saint Vincent de Paul, in-8. Magnifique ép. d'artiste sur chine, marge in-fol., signée.

291 — Saint Vincent de Paul, in-8, ép. d'artiste. — Avec la lettre, sur chine. 2 p. superbes, toute marge.

292 — Suchet en pied, grand in-8. Magnifique ép. d'artiste, marge in-fol.

293 — Swetchine (Mme), grand in-8, ép. d'artiste. — Avec la lettre, sur chine, marge in-fol. 2 p. superbes.

294 — Du Barry, Lebrun, Parabère. 3 p. in-4 avant la lettre.

295 — Sophie Arnoult, Clairon, Le Couvreur. 4 p. in-4 avant la lettre.

296 — Femmes célèbres. In-4 avant la lettre. 8 p. 2 lots.

297 — Portraits de célébrités modernes pour les biographies publiées par Sartorius. 42 avant la lettre et 42 avec la lettre. En tout 84 p.

298 **Le Mire.** Jeanne d'Arc, d'ap. l'ancien tableau de la ville d'Orléans, in-8. Magnifique ép., très-grande marge.

299 **Lépicié.** Watteau à mi-corps dans son atelier, in-8. Marge, belle ép.

300 **Leroux.** Ch.-P.-A. Desains, professeur de dessin, né à Lille. In-8 sur chine, marge petit in-fol. Superbe.

301 **Leyrachez.** Loret. Ovale in-4, d'ap. *Nanteuil.* Magnifique ép. avant toute lettre, sur Chine, marge petit in-fol.

302 **Littret.** Favart, d'après *Liotard*, in-8. Très-belle ép.

303 **Lorichon.** Alexandre le grand. Petit in-fol. d'ap. le buste du musée du Louvre. Magnifique ép., toute marge.

304 **Louis** (Aristide). Henriquel Dupont, in-4. Superbe ép. avant la lettre, marge in-fol.

305 **Martinet.** Monseig. Dupanlou, petit in-4. Superbe ép. d'artiste, sur Chine, marge in-fol. Signée par le graveur.

306 — Lacordaire, petit in-4. Superbe ép. d'artiste, sur Chine, marge in-fol. Signée par le graveur.

307 — Lagrange, illustre géomètre. Magnifique ép. d'artiste, in-4, sur Chine, marge in-fol. Signée par le graveur.

308 — 1868, Ch. Robin, *à son ami Ch. Robin*, à la pointe. Superbe ép. avec fac simile de signature. Grand in-8, sur Chine, marge in-fol.

309 **Massard.** Horace Vernet, à mi-corps. In-4 avant la lettre, sur Chine. Magnifique ép., marge petit in-fol.

310 **Masson.** Le grand Dauphin, fils de Louis XIV, grandeur naturelle (R. D. 46); il est coiffé d'un chapeau à plumes. *Collection Didot.*

311 **Mauzaisse,** 1823. Prudhon peintre, in-fol. Superbe ép. avant la lettre, sur ton jaune, toute marge.

312 **Ménil.** Omer Louis François Joly de Fleury, procureur catholique, 1773. In-fol. avant toute lettre.

9 313 **Miger.** Le Marquis de Pombal. In-8 d'ap. *Monnet.* 8 épreuves. 2

7 314 **Moreau** (D'ap.). Alliance de la Peinture et de Gravure, par Baquoy. — Mort de Molac. 2 p. in-4. 2

1 315 **Morse.** Joseph Fabre, supérieur général des missionnaires oblats, etc., directeur général de la Sainte Famille. In-fol. sur Chine. Magnifique ép., toute marge. Cha

3.50 316 — P. B. Noailles, fondateur et 1er directeur général de la Sainte Famille, in-fol., sur Chine. Magnifique ép. ~~sur Chine~~, toute marge. Cha

2.50 317 — Napoléon III, à mi-corps, d'ap. *Flandrin*, avant la lettre, sur Chine. Magnifique ép. in-4, marge in-fol. Cha

9 318 — Comte d'Hoym, in-8. Superbe ép. d'artiste. 2

6 319 — Ingres, in-8 avant la lettre, sur Chine. Magnifique ép., marge petit in-fol. Cha

Vig. 17 320 — Léon XIII, pape, in-fol. Magnifique ép. d'artiste sur Chine, toute marge. 2 Durfort Laguerre

7.50 321 — Mlle Krauss, in-4. Magnifique ép. d'artiste, sur Chine, marge in-fol. 2

10 322 — Mlle Nilson, in-4. Magnifique ép. d'artiste, sur Chine, marge in-fol. 2

11 323 — La Patti, profil, in-4. Magnifique ép. d'artiste, sur Chine, marge in-fol. 2 Fontenean 10

4.50 324 **Muller** (Harman), *excud.* Alexandre Farnèse. Petit in-fol., très-belle ép. 2

50 325 **Muller.** Mme Lebrun. In-fol. avant toute lettre. A Herman 10 Lis 16

326. **Nanteuil.** Marin Cureau de la Chambre. Thévenin. Et autres. 4 p.

327. **Nargeot.** Jane Essler, grand in-8. Superbe ép. d'artiste, marge in-4.

328. **Nargeot** (Adrien). L'Impératrice Eugénie — et son Fils, deux médaillons en regard, avec les noms des villes qu'ils ont parcourues dans leur voyage. In-fol. d'ap. *Montaut.* Superbe ép. d'artiste, sur Chine, toute marge.

329 — Gounod, in-8. Superbe ép. d'artiste, marge in-4.

330 — Lamartine à mi-corps, in-4. Magnifique ép. d'artiste, marge in-fol.

331 — Louis XVI en pied, en manteau royal, petit in-fol., d'ap. *Callet*, Très-belle ép. avant la lettre, sur Chine, grande marge.

332 — Marie Louise d'Orléans, petit ovale d'ap. l'émail, de *Petitot*, ép. non terminée, le fond pâle. — Ép. d'artiste. 2 p. magnifiques, marge in-4.

333 — Duc de Persigny, grand in-8. Magnifique ép. d'artiste, marge in-fol.

334 — Mme Tallien, grand in-8. Magnifique ép., marge in-fol.

335 — Petion, Buzot, Brissot, Barbaroux, 4 portraits groupés. Très-grand in-8, magnifique ép. d'artiste, sur Chine, marge in-fol.

336 **Odieuvre** (Collect. d'). 29 p. in-8.

337 **Oleszczinski.** Lord Dudley Stuart. Petit in-fol. sur Chine. Superbe ép., toute marge. — Le même, eau-forte pure, avant toute lettre. 2 p.

338 **Pascal.** Cervantès. Ovale équarri in-4, d'ap. *Vélasquez*, avant la lettre. Superbe ép., marge in-fol.

339 **Pelée.** E. T. A. Hoffman, in-8 d'ap. *H. Dupont*. Charmant portrait de l'auteur des Contes fantastiques.

340 — Lamartine, in-fol. avant toute lettre, sur Chine. Magnifique ép., toute marge.

341 **Pigeot.** Bossuet, en pied, d'ap. *Rigaud*. Très-grand in-8 avant et avec la lettre. 2 p. très-belles.

342 **Pinssio.** P. de Bourdeille de Brantôme, in-8, marge. Superbe ép., avec l'adresse.

343 **Pitau.** Dom. Augustinus Calmet, prieur de Layo, in-4 d'ap. *Fontaine*, 1716. Très-belle ép., marge.

344 **Pollet.** Portrait anonyme, ovale in-8 avant toute lettre. Magnifique ép., marge petit in-fol.

345 — Sax assis, in-4 d'ap. *Rida*, avant la lettre, sur Chine. Magnifique ép., marge petit in-fol.

346 — Il Sonatore de Violino, d'ap. *Raphaël*. Petit in-fol., ép. d'artiste avant toute lettre, avec dix X. Magnifique ép., toute marge.

347 — Arago, d'ap. *Cornu*, in-4 avant la lettre, sur Chine. Magnifique ép., marge in-fol.

348 **Porreau (J.).** Mme Récamier, in-8. Superbe et rare ép., eau-forte pure. — La même, terminée, avec la lettre. 2 p., marge in-4.

349 **Prieur.** La Reine à la Conciergerie, tiré du cabinet de l'abbé Carron (Portrait de MARIE ANTOINETTE), in-4, en veuve. Belle ép., marge.

350 **Quenedey**. Portraits au physionotrace. 23 p. avec les noms des personnages.

351 — Personnages divers. 72 p., sans noms.

352 **Regnault**. Meissonier, peintre célèbre, vivant. Petit portrait d'ap. lui-même. Superbe ép. in-8.

353 **Riffaut**. Le Comte de Nieuwerkerke. In-4 avant et avec la lettre, sur Chine. 2 p. superbes.

354 **Riffaut**. Actrices célèbres. 7 p. grand in-8.

355 **Saint-Aubin**. Célébrités diverses. 20 p.

356 — Gluck. Joli petit portrait in-8, médaillon entouré de chênes et de lauriers. Superbe. ép., marge in-4, rare.

357 **Saint-Eve**. Portrait d'homme d'ap. *Scheffer*. Magnifique ép. avant la lettre, sur Chine, in-fol.

358 **Schuppen** (Van). Philippe de Gueldres, religieuse après la mort de son mari, René, duc de Lorraine, in-8. Très-belle ép.

359 **Société** de la Réunion des Arts et de l'Amitié. 9 p. in-4.

360 **Soliman**. Boileau, avant et avec la lettre. Superbes ép. in-8, toute marge. 2 p.

361 — Boileau, avant et avec la lettre, sur Chine, in-8. Superbes ép., toute marge. 2 p.

362 — Descartes, eau-forte pure et avant la lettre, sur Chine. 2 p. Superbes ép., toute marge.

363 — La Fontaine, eau-forte pure et avant la lettre. Superbes ép., toute marge. 2 p.

364 — Molière, avant et avec la lettre, in-8. Superbes ép., toute marge. 2 p.

365 — Molière, avant et avec la lettre, in-8. Superbes ép., sur Chine, toute marge. 2 p.

366 — Racine, avant et avec la lettre, in-8. Superbes ép., toute marge. 2 p.

367 — Racine, avant et avec la lettre, in-8, sur Chine. Superbes ép., toute marge. 2 p.

368 — Voltaire, avant et avec la lettre, in-8, sur Chine. Superbes ép., toute marge. 2 p.

369 **Taurel** (B.). Willem de Eerste. Willem de Tweede. Anna Paulowna (sa femme). 3 p. ov. éq. Willem de Derde. Sophia (sa femme). 2 p. carrées, sur Chine. 5 p. gr. in-4. Très-belles ép.

370 **Toschi** (P.). Canova, sculpteur, d'ap. F. X. *Fabre*. Superbe ép, avant la lettre sur chine, toute marge.

371 — (Duc Decazes), d'ap. F. *Gerard*. Avant la lettre, les noms à la pointe. A été encadré.

372 — Ferdin. Paër. Parmigiano, d'ap. F. *Gerard*. Superbe ép. sur chine, grand in-4.

373 — (Prince étranger, autrichien?). In-4 avant toute lettre, toute marge.

374 **Touzé**. Massillon en pied, d'ap. *Devéria*. — Voltaire en pied, d'après *Desenne*. 2 p. in-8. Superbes ép. avant la lettre sur chine, toute marge.

375 **Trouvain** (Chez). Charlotte, landgrave de Hesse-Cassel, reine de Danemark, en pied. Petit in-fol. superbe.

376 **Vallot**. Mlle Mars en pied, d'ap. *Devéria*, in-8. 2 ép. avant la lettre blanc et chine, toute marge. Superbes.

377 **Varin** (Adolphe). Vatout, in-8 avant la lettre, sur chine. Magnifique ép., marge petit in-fol.

378 **Vigneron** del. Acteurs et Actrices. 8 p. ovales lithog.

379 **Watelet.** Bay de Curys. — Laure, chevalier de Breteuil. 2 p. in-4 d'ap. *Cochin.* Très-belles.

380 — Brunet de Neuilly. — Chastre de Billi. 2 p. in-4. Très-belles.

381 — De Sommery. — Marc René, marquis de Voyez. 2 p. in-4. Très-belles.

382 — J.-N. Watelet de Valogni, in-4 d'ap. *Cochin.* Superbe ép., toute marge.

PORTRAITS PAR NOMS DE PERSONNAGES

383 Les quatre Poëtes : Dante, Petrarque, Tasse, Arioste, par *Berteau.* — Composition différente par *Hopwood.* 2 p. avant la lettre, superbes.

384 **Auber**, compositeur de musique. In-8, eau-forte pure. — In-4, par *Hedouin* d'ap *Delaroche*, avant la lettre. 2 p. Très-belles.

385 **Barthelemy** (J.-J.). Eau-forte pure et avec la lettre, par *Lorichon*, ovale. — Autre, ovale équarri, eau-forte pure. 3 p. Très-belles, in-8.

386 **Belidor** (Bernard), par *Will* et par *Maleuvre.* 2 p. in-4, superbes.

387 **Bernardin de Saint-Pierre.** In-8, avant la lettre. — In-4, par *Lignon*, sur chine. 2 p. d'ap. *Girodet*, superbes.

388 **Berryer.** In-8, pour les orateurs. Magnifique ép. d'artiste sur chine, marge in fol.

389 **Carnot.** In-4. Magnifique ép. d'artiste sur chine, marge in-fol.

390 **Chalier** dans sa prison, en pied, assis et écrivant à ses parents. Le texte de la lettre est au bas. Petit in-fol. en travers, très-rare.

391 — et Barra, 2 petits médaillons. — Demi-almanach avec les portraits de Chalier et Barra. 2 p., rares.

392 **Chantal** (Baronne de). Eau-forte pure et avec la lettre. 2 p. in-8, superbes.

393 **Choiseul** (César de). — Étienne François, ministre de Louis XV. — Claude de. — Jacques, duc de Stainville. — Ant. Gabriel, duc et pair. 21 p. gravées et lithographiées, plusieurs avec différences.

394 **Coulanges** (Mme de). In-8. Superbe ép. avec la lettre à un trait, rare, sur chine, toute marge.

395 **De Troy** (François), peintre. In-fol. par *Aveline* d'ap. *Aved*, avant toute lettre. — Autre, par *Corsi*. 2 p.

396 **Du Barry** (Mme) prenant son café. Eau-forte par *Peuchet*, ovale in-4.

397 — La même, eau-forte pure, planche differente, ovale in-4.

398 **Elisabeth** (Mme), etc. 12 portraits gravés et lithographiés.

399 **Féval** (Paul), en 1847. Grand in-8 par *Léopold Mar.* Superbe ép. d'artiste sur chine, marge in-fol. et avec la lettre. 2 p.

400 **Franklin** avec des lunettes, in-8, par *Claessens.* — In-4, par *Saint-Aubin.* 2 p.

401 **Gabrielle d'Estrées.** In-8 par *Oury.* Ép. d'artiste avec dédicace, signée, superbe ép.

402 **Grétry** étant jeune, par *Cathelin.* — Étant vieux, avant toute lettre, par *Forget.* 2 p. in-fol.

403 **Guise** le balafré. In-8, eau-forte pure. — Ép. d'artiste sur chine. 2 p. superbes, toute marge.

404 **Henri IV**, roi de France. 14 p., différents, anciens et modernes.

405 **Hue** (J.-F.), peintre de marine. Eau-forte pure, le sujet du bas de forme ovale. — Le même, le sujet du bas de forme carrée et refait entièrement et de 14 millim. plus bas, le nom est au bas. — Le même, le portrait est terminé à la manière noire, ainsi que les angles. 3 p. états différents.

406 **Jarente** (De), évêque d'Orléans, Petit buste sur piédouche entre deux figures allégoriques. In-8 en travers d'ap. *Gab. de Saint-Aubin.* Très-belle ép., très-rare.

407 **Jeanne d'Arc**, en pied, par *Baquoy.* — En buste, par *J.-M. Fontaine.* 2 p. in-8 avant la lettre, sur chine, superbes, toute marge.

408 **La Chalotais.** Profil in-4. Très-belle ép. sans marge. — Claude Léger. Sorbet, écuyer. In-4. 2 p.

409 ***Lamoignon - Malesherbes.*** Très-petit rond, profil à gauche; rare.

410 ***Lancret***, ingénieur des ponts et chaussées, mort en 1807. In-4 avant toute lettre, marge.

411 ***Louis XVI.*** In-4 par *Noreipa* (Piéron) jeune. Belle ép.

412 ***Louis XVI*** — Marie-Antoinette et Famille. 18 p.

413 ***Marie-Antoinette***, Adieux de Louis XVI, etc. 8 p.

414 ***Marie-Antoinette*** et ses enfants, d'après *Mme Lebrun*, entourage ovale orné. Superbe ép. d'artiste sur chine in-4, toute marge.

415 ***Marie-Antoinette*** et Louis XVI. In-4 par *Ve Bonnefoix*. 2 p. chez Marel.

416 ***Marie-Thérèse***, reine de Hongrie. In-8, différents. 2 p. Belles ép.

417 ***Musset*** (Alfred de). In-8 ovale équarri. Magnifique ép. d'artiste avant toute lettre, sur chine, marge in-fol.

418 — Le même, ovale in-4 par *Pollet*. Magnifique ép. d'artiste avant toute lettre, sur chine, marge in-fol.

419 ***Napoléon***, consul, par *Joubert*. 1833. — En pied, à la Malmaison. — En pied, Empereur; au fond, Bataille. 3 p. in-8, Superbes ép. d'artiste sur chine, toute marge.

420 ***Napoléon*** (Prince), fils de Jérôme, à mi-corps. Ovale in-4 avant toute lettre, sur chine, toute marge.

421 **Ninon de Lenclos**, en pied, par *Gervais*. In-8 avant toute lettre, marge in-fol. et avec la lettre. 2 p.

422 **Orléans** (Famille d'), etc. 15 portraits.

423 **Pompadour** (Mme de). Ovale orné grand in-8. Superbe ép. d'artiste, marge in-fol.

424 **Poussin** (N.). Eau-forte pure par *Boscq*. — Autre, avant toute lettre. — Autre, par *Corner*. 3 p. in-8.

425 — peintre. Portraits gravés et lithographiés. 12 différents.

426 **Raphaël** étant jeune appuyé sur sa main en couleur, en bistre, et les épreuves bleue, jaune et rose. En tout 5 p. grand in-4 par *Digeon*.

427 **Saint François de Sales**. Eau-forte pure. — Ép. d'artiste sur chine. 2 p. in-8. Superbes.

428 **Talma**. Petit carré par Bertonnier. Avant la lettre, sur chine. — Mme Talma, née Vanhove. Ovale in-8, marge.

429 **Voltaire**. Esquisse d'après nature, faite à Fernex en 1769. Eau-forte in-4. Très-belle.

430 — Ovale équarri in-12, en rouge, par *Loizelet*. — Carré grand in-8, par *Pourvoyeur*. Ép. d'artiste sur chine. 2 p. superbes, toute marge.

431 — En pied, En prison, fleuron d'ap. *Devéria*, par *A. Fauchery*. — D'ap. *La Tour*. In-4 moderne. 2 p. Superbes ép. d'artiste sur chine, toute marge.

432 — Gravés et lithog. 27 différents.

433 **Young** (Edouard). In-8. 11 p.

434 **Acteurs**, in-4 par Audoin, Bertonnier, Cardon, Lecomte, Prudhon fils. 5 p.

435 — et Actrices, anciens et modernes, gravés et lithographiés. 163 p. 4 lots.

436 **Architectes**. Belu, Brongniard, Ch. Duval et autres. 10 p.

437 **Artistes** peintres, sculpteurs, etc., gravés et lithographiés. Plus de 190 p. 4 lots.

438 **Clergé**. Fléchier par Edelinck, et autres par Drevet, Pitau, Van Schuppen, etc. 18 p.

439 **Écrivains**. Corneille, Dumas, Gautier, La Fontaine, Racine et autres. 20 p.

440 — Byron, Ducis, sur chine; Marmontel. 3 p. en pied, avant la lettre, in-8, toute marge.

441 **Femmes** célèbres, anciennes et modernes, et autres modernes. 15 p.

442 **Musiciens**, gravés et lithographiés. 78 p. 2 lots.

443 **Rois** de France, Saint Louis, Louis XIV, Louis XV, jusqu'à Louis XVIII et famille. 36 p.

444 **Portraits**. Bossuet en pied, Comte de Saint-Florentin par *Wille*, et autres. 6 p.

446 — divers, d'ap. Desenne, Devéria et autres. 40 p. avant la lettre.

447 — d'Alembert et Diderot. In-4. 9 p. d'après Cochin.

448 — d'Alembert — Diderot. In-4, par un graveur moderne. Superbes ép. d'artiste sur chine, marge in-fol.

449 — Médecins, Savants, et collect. Vangelisty, etc. 16 p.

450 — par Edelinck, Nanteuil, Pontius, Regnesson, Vermeulen, etc. 8 p.

451 — Célébrités diverses. 15 p. gravées.

452 — Célébrités diverses lithographiées. 22 p.

453 — Tirés de la galerie de Versailles. 100 p.

454 — Tirage spécial pour les lettres de Mme de Sévigné et Saint-Simon. 50 p.

455 **Portraits** modernes, célébrités diverses. 46 p.

2 lots

ÉCOLE DU XVIIIe SIÈCLE

456 **Aliamet** *direxit*. Première vue des environs de Caudebec, en Normandie. Vue de Saint-Valry, sur la Somme. 2 p. in-fol. en travers, d'après *J.-Ph. Hackert.*

457 **Bartolozzi** (F.), delin. et sculpsit. Clytie, d'ap. Annibal *Caracci*. Rond équarri in-fol.

458 **Beauvarlet.** Tancrède secouru par Herminie. In-fol. d'ap. *Lagrenée*. Superbe ép., marge.

459 **Bettelini.** Aminta. L'Amour guette les deux amants, qui s'embrassent. Ovale in-fol. Superbe ép., toute marge.

460 **Boucher** (D'ap.). La Pêche du crocodille. Grand in-fol. par *Moles*.

461 **Chardin** (D'ap.). La Serinette, par *L. Cars*. Grand in-fol. Très-belle ép.

462 — Hâte-toi donc, Frontin. Dame cachetant une lettre. In-fol., belle ép., sans marge.

463 — La petite Fille au volant, par *Lépicié*. Très-belle ép., marge.

464 **Cochin** (D'ap.). Hermès.... Thétis.... 2 p. par B.-L. Prévost et Helman, pour Émile. — *Moreau* (d'ap.). Pygmalion agenouillé devant la statue, par N. Le Mire. Le comte de Valmont; et autres, 7 p. En tout 9 p. in-4 et in-8.

465 **Courtin** (D'ap.). Les Jeux naïfs. Petit in-fol. par *Aubert*. Superbe ép., marge.

466 — Enlèvement de Proserpine. In-fol. par *Raymond*. Très-belle ép.

467 — Triomphe de Bacchus. In-fol. par *Dupin*. Superbe ép., marge.

468 **Coypel** (D'ap. A.). Triomphe de Vénus. In-fol. par *Simonneau*. Superbe ép., grande marge.

469 — Allégorie relative à M. Colbert d'Ormoy, et dédiée à lui-même. Grand in-fol. par *Simonneau*. Superbe.

470 **Debucourt**. Berceau de Paul et Virginie, très-belle ép., marge. — Bienfaisance de Virginie, lettre grise, tachée. 2 p. ovales in-fol. en travers.

471 **Descamps**, de Rouen (D'ap.). La Pupille. In-fol. par Le Mire. Très-belle ép., grande marge.

472 **Desplaces**. L'Amour réfugié dans la maison d'Anacréon, d'ap. *Coypel*. In-fol. Superbe ép., marge.

473 — Andromaque défendant Astianax. In-fol. d'ap. *Jouvenet*. Superbe ép., marge.

474 **Goya**. Caricatures espagnoles. 10 p. Belles ép., marge.

475 **Greuze** (D'ap.). La petite Fille au capucin, par *Ingouf*. In-4. Superbe.

476 — Jeune Fille pleurant son oiseau mort. Belle ép., par *Flipart*.

477 — Le doux regard de Colette. — Le doux regard de Colin. 2 p. in-4 par *Dennel*. Superbes.

478 — La Mère bien aimée, par *Massard*, 1775. Le Paralitique servi par ses enfants, par J.-J. *Flipart*, 1767. 2 p. in-fol. en travers, signées; ont été encadrées.

479 **Ingouf**. Les Canadiens au tombeau de leurs enfants. — L'Adoration des bergers, d'après *Ribéra*. 2 p. in-fol., eaux-fortes pures. Très-belles, toute marge.

480 **Jeaurat** (D'ap.). La belle Rêveuse. Grand in-4 par *Gaillard*. Très-belle ép.

481 — La Muse Uranie. In-fol. en travers par *Daullé*. Très-belle ép., marge.

482 **Jouvenet** (D'ap.). Apollon allant rendre visite à Tétis. In-fol. par *Dubosc*. Superbe ép., grande marge.

483 **Le Bas**. La Charité romaine. In-fol. d'après Noël-Nicolas *Coypel*. Très-belle ép., marge.

484 **Le Beau**. Réduction de Tiens je crois c'est mon valet Lafleur. — C'est inconcevable, tu n'est pas reconnaissable. — Faites la paix. 3 p. Costumes du Directoire. Superbes ép., marge.

485 **Levachez.** Officier supérieur (N° 9) des Guides de l'Empereur. Deuxième suite de Chevaux (N° 20), d'après Carle et Horace Vernet; (N° 22). Troisième suite... (N° 28).... 4 p. petit in-fol. en travers.

486 **Prudhon** (D'ap.). Minerve alimentant les Arts et les Sciences. Charmante p. par Mlle *Bleuse*. Superbe ép., grande marge.

487 — L'Amour séduit l'Innocence, le Plaisir entraîne, le Repentir suit. In-fol. par Roger. eau-forte pure. Très-belle.

488 — Mange mon petit, mange. Oh! les jolis petits chiens. 2 p. in-fol. par B. *Roger*.

489 **Raoux** (D'ap.). Le Rendez-vous agréable. In-fol., chez *Beauvarlet*.

490 **Sharp** (W.). The Sortie made by the Garrison of Gibraltar in the Morning of the 27, of Nov., 1781, d'ap. John *Trumbull*. Esq. In-fol. en travers; a été encadré.

491 **Troost** (D'ap.). Les Baigneuses surprises. In-fol. par Fokke. Très-belle ép.

492 **Vangelisti.** Jolie Femme avec des roses dans ses cheveux, tenant des cerises. Petit ovale, charmante pièce.

493 **Vernet** (D'ap. J.). (Le Calme, la Tempête). 2 p. par J.-J. *Balechou*. In-fol. en travers; ont été encadrées.

494 **Wille** fils (D'ap.). Le Bouton de rose. — La Curieuse. 2 p. in-fol. par *Voyez* l'aîné.

495 **Woollett** (W.). The battle at La Hogue, d'après B. *West*. Belle ép. in-fol. en travers.

496 — Niobé, Phaéton. 2 p. in-fol. en travers, d'ap. Richard *Wilson*.

497 — Shooting : Plate I st., II d., III d.; et autres. 5 p. in-fol. en travers.

498 **École du XVIIIe siècle.** Canadiens au tombeau de leur enfant, par *Ingouf*, 1786. Neptune et Amymone, et autre par *Danzel*. 3 p. in-fol.

499 — en couleur et en noir. 20 p. Sera divisé.

DESSINS

500 ANONYME. Sacrifice devant la statue de Vénus et l'Amour. — Fête devant la statue de Jupiter. 2 dessins in-fol. encre de chine et bistre. Riches compositions.

501 — Vénus et l'Amour, d'ap. *Boucher*. — Étude de dragon à plusieurs têtes, d'ap. *Rubens*. — Adoration des bergers. 3 p. crayon noir.

502 BELLANGE. Les Noces de Cana. Aquarelle sur vélin, *signée*, in-fol. Cadre ancien en bois sculpté.

503 BLONDEL, 1830. Allégorie, l'Abondance, le Commerce, la Navigation. Trois figures, crayon rehaussé de blanc sur papier brun. Très-beau dessin.

504 CALATTINI, 1842. Shakspeare. In-4. Aquarelle très-vigoureuse.

505 DEBAY. Prise de Caprée, d'ap. Gros. Croquis mine de plomb, grand in-fol.

506 DROUET, 1785. Geneviève-Françoise Droüet, fille de Jacques-Jean Droüet, graveur, 1761-1783. Ovale in-4, sanguine signée.

507 FRILLEY. J.-J. Rousseau. Ovale equarri grand in-4, en bistre, sur fort papier Bristol.

508 GRÉGOIRE (Paul), 1794. Bacchanale, Sacrifice à Cérès. Superbe dessin grand in-fol. à l'encre de chine, composé d'environ trente figures.

509 HUET (J.-B.), 1774. Croquis d'un arbre en automne. Sépia et mine de plomb. Signé.

510 SILVESTRE (?). Vues de Venise et de Rome. A la plume.

511 SILVESTRE. Vues de fortifications et autres. A la plume. 5 dessins attribués.

512 SWEBACK. Convoi militaire, Voiture attelée de quatre chevaux, précédée de deux cavaliers et d'un guide à pied. Plume lavée de bistre. In-4.

513 WILLE (J.-G.), 1764. Moine au repos, près d'un gros rocher. Plume lavée d'encre de chine. In-8. Signé.

514 ZOCCHI? Illustration pour Virgile. 16 dessins in-8 à l'encre de chine, y compris le frontispice allégorie avec le buste, ont été gravés.

515 DIVERS. Fuite en Égypte, sanguine. — Groupe de 4 hommes, signé Giusepp, 1762, Cades, plume lavée. 2 dessins. — Sujet religieux, peint à l'huile sur papier. 3 p.

Vve Renou, Maulde et Cock, impr. de la Cie des Commissaires-Priseurs, rue de Rivoli, 144. 394

770 Catalogues à 10c	77	..			3609	50
11 Mains chemises	16	50				
Honoraires 10 %	361					
			454	50		
Affiches et affichage 75 colombier			45	50		
Insertion au Moniteur des ventes			18	10		
Déclaration de vente			2	20		
Timbre du procès verbal			7	20		
Enregistrement			94	25		
Versement en bourse commune			113	70		
Honoraires de Mr Delestre			113	70		
Clerc et Crieur			24			
Location de la Salle n° [illegible] 2 jours			80	20		
Impression de 800 catalogues			354			
Transport à l'hotel			6			
2 Journées Commissionnaire			10	10		
Pour supplément de travail			20	..		
			1343	45		
Déduire 5 % des acquéreurs			180	50	1,162	95
					2.446	55

www.ingramcontent.com/pod-product-compliance
Ingram Content Group UK Ltd.
Pitfield, Milton Keynes, MK11 3LW, UK
UKHW020447180726
13839UKWH00004B/1674

9 782329 006413